*Para minhas filhas, Juliana e Marina,*

*e para todos os brasileirinhos nos Estados Unidos da América*

*Minha Família: Uma Família Americana e Brasileira* (1ª Edição 2019 - Capa Comum) ISBN: 978-1-949363-14-2

**Por favor, nos ajude a tornar este livro um sucesso deixando sua avaliação na Amazon. Sua opinião é muito importante para nós e outros leitores. Obrigado!**

# Minha Família

## Uma Família Americana e Brasileira

Escrito por ANA CRISTINA GLUCK e ilustrado por ALEXANDRA DAN

Esta é minha família.
Eu me chamo John e estes são:
meu pai Joe, minha irmã Bella
e minha mãe Rafaela.

Moramos nos
Estados Unidos da América,
um país multicultural.
Aqui há pessoas
de várias partes do mundo.
Acho isso sensacional!

A minha mãe é brasileira
e meu pai é americano.
Em nossa casa
falamos inglês e português.
Comunicação em duas línguas
faz parte do nosso cotidiano.

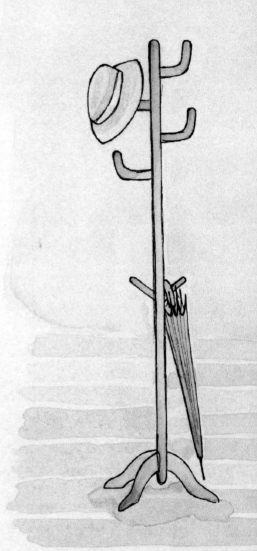

Welcome
bem-vindo

Eu chamo o meu pai de "daddy"
e com ele só falo inglês.
Muitas vezes eu e minha irmã
traduzimos para o "daddy"
tudo o que conversamos
com a mamãe em português.

Alguns adultos me perguntam
se eu fico confuso.
— Confuso, eu? "Why"? Por quê?
Confuso eu ficaria
se não conseguisse entender
o vovô Zé e a vovó Maria.

Quando eu e a Bella vamos ao Brasil,
podemos nos comunicar
com nossos avós, tios, primos
e todos que moram por lá.

Às vezes as pessoas daqui
acham estranho quando eu converso
com a minha mãe em português.
Devem achar que eu não sou americano,
ou que a mamãe não sabe falar inglês.

— Não precisa estranhar,
pois eu posso te explicar:
sou americano e brasileiro também.
Eu e minha mãe sabemos falar
os dois idiomas muito bem!

A mamãe só fala comigo em português,
desde que eu nasci.
Foi assim que minha língua
de herança eu aprendi.

O mundo é multicultural.
Nele há adultos e crianças
com diferentes sotaques e cores,
que falam outras línguas
e têm diversos valores.

Eu falo inglês e português.
Acho isso super legal!
Crescer bilíngue
é um presente muito especial.

# VOCABULÁRIO

**bilíngue:** uma pessoa que fala e entende duas línguas

**comunicação:** conversação, diálogo entre duas ou mais pessoas

**confuso:** que está sem entender, sem saber

**cotidiano:** o dia a dia, a rotina

**diversos:** muitos, ou diferentes uns dos outros

**estranho:** diferente do comum, desconhecido

**idioma:** o mesmo que língua. Ex.: Eu sei falar duas línguas ou dois idiomas

**língua de herança:** uma segunda língua, deixada pelos pais ou avós como herança

**multicultural:** que inclui e/ou provém de várias culturas e costumes de outros países

**sensacional:** algo espetacular, que é maravilhoso e muito legal

**sotaque:** modo de falar próprio de um grupo ou região. Ex.: sotaque nordestino

**traduzir:** dizer ou escrever a mesma coisa em outra língua, outro idioma

**valores:** normas e regras importantes que uma pessoa, um grupo ou povo passa adiante

Olá! Sou a **Ana Cristina Gluck**, autora brasileira e fundadora da editora ABC Multicultural. Vim para os Estados Unidos em 1999. Me formei em Arte Comercial: Tecnologia Digital e trabalhei por mais de dez anos em Nova York, inicialmente como Designer Gráfica e depois como Diretora de Arte. Desde 2017 dedico a maior parte do meu tempo aos meus livros e à minha família. Atualmente moro em Nova Jersey com meu marido e nossas duas filhas. Minha missão é apoiar mães e pais que criam crianças bilíngues em todo o mundo com a publicação de livros infantis em vários idiomas. Encontre todos os meus livros na Amazon! Acompanhe minha jornada no Instagram @ana.cristina.gluck e @abc.multicultural.

Se você gostou do livro *Minha Família: Uma Família Americana e Brasileira*, por favor deixe uma avaliação na Amazon. Seu feedback ajudará a mantê-lo disponível no mercado. Conto com o seu apoio. Obrigada! :)

# NOSSA HISTÓRIA, NOSSA MISSÃO

A editora ABC Multicultural foi fundada em 2013, nos Estados Unidos. Publicamos livros infantis em português e outros idiomas. Nosso objetivo é apoiar famílias multiculturais criando filhos bilíngues pelo mundo. Buscamos encorajar o ensino da língua de herança com nossos livros. Essa é nossa história, nossa missão.

**Encontre nossos livros na Amazon em todo o mundo
ou acessando www.abcmulticultural.com
Siga-nos nas redes sociais: Facebook, Instagram, Twitter e Pinterest**

Made in the USA
Monee, IL
07 July 2021